हाथी घोड़ा पालकी

कवि : प्रेमकिशोर 'पटाखा'
चित्रांकन : सुरिन्दर पाल सिंह

चिल्ड्रन्स बुक ट्रस्ट, नई दिल्ली

चिड़ियाघर

चिड़ियाघर का नया सफ़र,
देखो बच्चो चिड़ियाघर।

ये तोता अमरीकन है,
करता रोज़ कीर्तन है।
रटता रामा हरे हरे,
कृष्णा कृष्णा हरे हरे।
सोचा करता हरे हरे—
पंख बने जब हरे हरे,
चोंच बनी क्यों लाल मगर?
ये है बच्चो चिड़ियाघर।

है उदास गुमसुम-सा मोर,
मन में उठती नहीं हिलोर।
नहीं नाचता मन का मोर,
यहां नहीं जंगल का शोर।
कहां फंसा है आकर के,
अपने पंख कटा करके।
आज बना है पिंजड़ा घर,
बच्चो देखो चिड़ियाघर।

भीगी बिल्ली शेर बना,
इसे छेड़ना यहां मना।
उधर रीछ का पिंजड़ा है,
कल से रूठा-बिगड़ा है।
खाना-पीना छोड़ा है,
अपना कंबल ओढ़ा है।
नहीं रहा मालिक का डर,
देखो बच्चो चिड़ियाघर।

नक्शे हैं लंगूरों के,
करते हैं टाटा-ओके।
बिना पूंछ का बंदर है,
जो पिंजड़े के अंदर है।
जब दोगे टॉफ़ी-केले,
उछल कूद कर झट ले ले।
थैला झपटे बची नज़र,
ये है बच्चो चिड़ियाघर।
चिड़ियाघर का नया सफ़र।

सरकस का खेल

बड़े दिनों में आया सरकस,
बड़े शहर में आया सरकस।
जिसको भी दिखलाया सरकस,
उसके ही मन भाया सरकस।
धूम धड़क्का, धक्कम धक्का,
बीच में फंस गए पतरे कक्का।
खेल शुरू हुआ सरकस का।

जोकर हैं पूरे बाज़ीगर,
ले फटा बांस हैं बने फटीचर।
कभी पेट फ़ुटबाल बनाया,
हवा भरे गुब्बारे-सी काया।
कभी फुर्र-से चिड़िया उड़ गई,
जब भी टोपी उतारी नई-नई।

जोकर को तो जोकर जैसी,
बातें चटपट सूझे।
निकल पड़े झट मुर्ग़ी के,
चूं-चूं करते चूज़े।
खिलखिल छूटे हंसी-ठहक्का।
धूम धड़क्का, धक्कम धक्का,
खेल चलता रहा सरकस का।

पर्दा खुला उछलती गुड़िया,
खुले तार पर चलती गुड़िया।
एक हाथ से छड़ी उछाले,
एक हाथ से छतरी ताने।
ऐसा लगता जैसे कोई,
परी लोक से उतरी गाने।

पंख सजे हैं तितली जैसे,
हाथ हिला उड़ जाती।
कसे जाल के ऊपर से ही,
झूले पर चढ़ जाती।
जो देखे रहता भौंचक्का।
धूम धड़क्का, धक्कम धक्का,
खेल बढ़ा आगे सरकस का।

घोड़े दौड़ पड़े सरकस के,
अपनी लंबी कमर को कस के।
ढोल बजाता हाथी निकला,
बंदर करे सवारी।
बड़े ऊंट की खड़ी पीठ पर,
रखा नगाड़ा भारी।

शेर यों जंगल का राजा,
यहां तो बस पूंछ हिलाता।
हंटर की आवाज सुने तो,
झट से म्यांऊ है बन जाता।
यहां नहीं इसके कुछ वश का।
धूम धड़क्का, धक्कम धक्का,
खेल ख़त्म होता सरकस का।

मुर्ग़े का अख़बार

मुर्ग़े ने अख़बार निकाला,
नाम 'कुकड़ूं कूं' रखा निराला।
अक्षर उसमें रंग-रंगीले,
मोर, किरण जैसे चमकीले।
गीत नए चिड़ियों के चहकें,
डाल-डाल पर नाचें-फुदकें।
कार्टून में हैं बंदर मामा,
पहने धारीदार पाज़ामा।
कौवे की करतूत छपी थी,
बात नहीं यह झूठ छपी थी।
हुआ यह कैसे काला,
मुर्ग़े ने अख़बार निकाला।

ऐसी कोई ख़बर नहीं थी,
लूटपाट छीना-झपटी की।
नहीं ख़बर में रक्तपात था,
झगड़ा झूठा जात-पांत का।
यहां सभी थे जैसे अपने,
सबके अपने सुंदर सपने।
पंखों में भर नई उमंगें,
बिना डोर के उड़ी पतंगें।
बने सभी मोती की माला,
मुर्ग़े ने अख़बार निकाला।